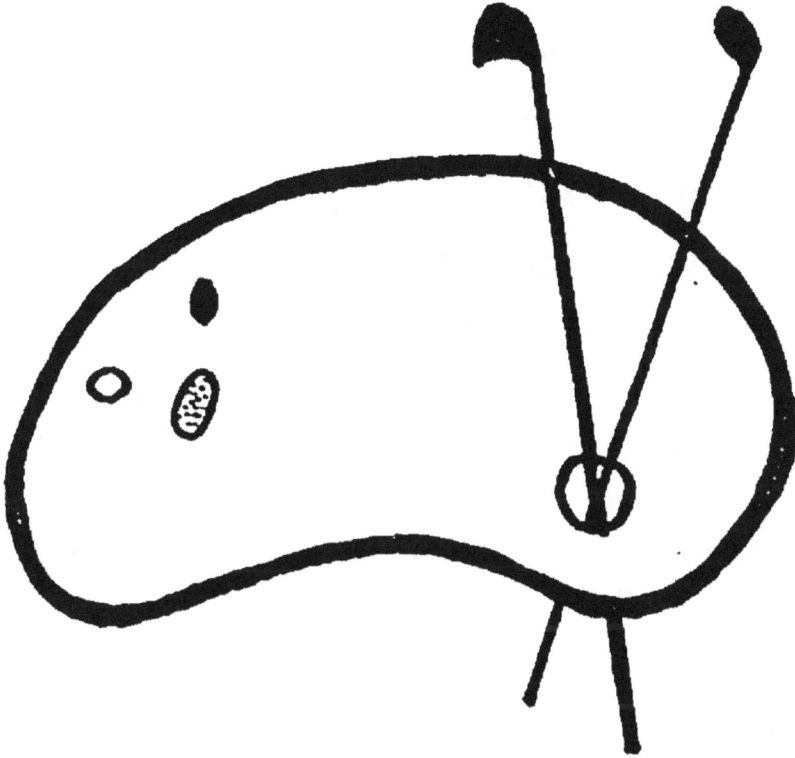

DEBUT D'UNE SERIE DE DOCUMENTS
EN COULEUR

INSTITUT ÉGYPTIEN

# NOTE

## SUR

# UNE INSCRIPTION HIÉRATIQUE

## D'UN MASTABA D'ABOUSIR

PAR

### M. G. DARESSY

LE CAIRE

IMPRIMERIE NATIONALE

1894

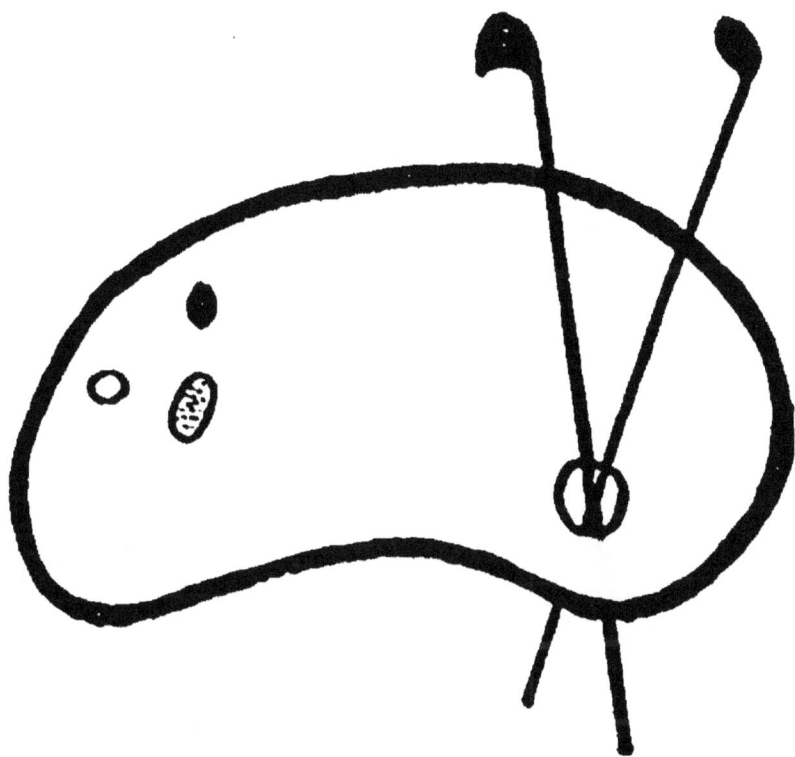

FIN D'UNE SERIE DE DOCUMENTS
EN COULEUR

INSTITUT ÉGYPTIEN

# NOTE

SUR

# UNE INSCRIPTION HIÉRATIQUE

## D'UN MASTABA D'ABOUSIR

PAR

## M. G. DARESSY

Communication faite à l'Institut égyptien dans la séance du 2 février 1894.

LE CAIRE
IMPRIMERIE NATIONALE
1894

# NOTE

sur

# UNE INSCRIPTION HIÉRATIQUE

## D'UN MASTABA D'ABOUSIR

PAR

M. G. Daressy.

—⊷⊷—

Les fouilles entreprises l'été dernier dans la nécropole de Memphis par M. de Morgan ont été des plus heureuses. En même temps qu'à Saqqarah on dégageait les mastabas de Mera et de Ka-bi-n, qui ont déjà fait l'objet d'une communication à l'Institut Egyptien, une équipe d'ouvriers était mise à l'œuvre à Abousir.

M. de Morgan avait remarqué que la butte assez considérable indiquée sur la carte de Lepsius comme ruines d'une pyramide (numérotée XVIII), ne se composait pas uniquement de blocs de pierre : après quelques sondages, la certitude était acquise que ce kom ne cachait pas une sépulture royale, mais les restes d'un mastaba de l'ancien empire.

Le propriétaire de ce tombeau était un certain Ptah-chepses ⬚⬚⬚⬚⬚ qui vivait sous la V<sup>e</sup> dynastie ; parmi ses nombreux titres il portait celui de « Chef de tous les travaux du roi » c'est-à-dire « Ministre des Travaux publics. » Profitant de sa situation élevée, il s'était fait édifier une tombe magnifique, dont une vaste cour entourée de piliers quadrangulaires et deux grandes salles formaient la partie principale. La seconde de ces salles renferme deux élégantes colonnes lotiformes, les plus anciens spécimens connus de ce type dont les architectes égyptiens firent un usage si fréquent aux époques postérieures. Les bas-reliefs couvrant les murs étaient soigneusement gravés et peints, et accompagnés de légendes explicatives. Un grand luxe avait été déployé dans le nombre des statues : en plus de celles cachées dans le serdab, trois autres

statues devaient être renfermées dans les naos construits au fond
de la première salle, et la seconde chambre en contenait au moins
deux en syénite rose, aussi grandes que nature.

Malgré cette abondance d'images du défunt, il en est resté bien
peu de vestiges, et si l'âme de Ptah-chepses voulait revenir sur
terre, après avoir vainement cherché son corps, sans doute réduit
en poussière, elle ne trouverait plus pour se loger que les jambes
d'une des statues en granit.

Les tombes de Saqqarah ont été comblées de bonne heure par le
sable du désert ; il n'en a pas été de même à Abousir : le sable
n'y est pas aussi fluide, et les pyramides qui couronnent le plateau
forment une sorte de barrière contre le vent de l'ouest. Aussi la
plupart des mastabas d'Abousir devaient être encore accessibles
au commencement du nouvel Empire.

Une cause autre que le plaisir d'admirer les monuments anti-
ques portait alors quelques individus à parcourir les nécropoles.
Sous les Ramessides, les sciences occultes était tenues en grand
honneur, et les Égyptiens étaient tout disposés à prêter le don de
sorcellerie à leurs ancêtres, les successeurs des « Serviteurs
d'Horus ». Les innombrables inscriptions qui couvrent les murs de
leurs tombes passaient aux yeux des illettrés pour autant de gri-
moires ; les personnes un peu plus instruites ne s'éloignaient pas
beaucoup de cette idée, et visitaient les monuments dans l'espoir d'y
retrouver des formules magiques dont elles puissent se servir. Les
statues avaient spécialement droit à la vénération: destinées à
loger l'âme des morts, elles étaient douées des pouvoirs surnaturels
que l'individu avait acquis de sont vivant.

Ptah-Chepses portait un titre :

qui peut se traduire « maître des paroles mystérieuses du secret de
santé » et cette mention pouvait suffire pour lui valoir la renommée
de sorcier. Pour tous ces motifs, son tombeau attirait de nombreux
visiteurs comme en font foi diverses inscriptions malheureusement
en mauvais état, tracées sur les murs du monument en plusieurs
endroits. Un seul graffito est assez bien conservé et c'est celui que
je désirerais porter à votre connaissance. Il est tracé à l'encre noire

a la partie inférieure du mur ouest de la deuxième salle, et ne comprend que quatre lignes d'une écriture hiératique assez cursive dont voici la transcription et la traduction :

« L'an 50 et le 16 Toby, le scribe Pen-au-uaa est venu ici avec des écrivains, afin de voir les tombeaux, puis il a prononcé les paroles d'incantations des livres pour invoquer l'image du serpent de Sahurî. En ce jour, avec les formules d'évocation de l'image du serpent de Sahurî, le scribe Pen-au-uaa fit une évocation selon ces indications : « Si nous faisons une offrande en nous tenant devant le serpent, en adorant le redouté et qu'il nous parle, nous resterons (?) devant nos pères (?) et si nous (lisons) les écrits en l'invoquant pour obtenir la vieillesse, le serpent nous donnera que nous atteignions 110 ans ». Nous avons supplié le serpent de venir, puis nous *avons prononcé nos requêtes et nous nous sommes prosternés comme des favorisés. Les incantations qu'il faut sont celles des livres de Ptah, notre père : ce sont celles que nous lui avons dites, et nous sommes allés jusqu'à la onzième incantation.* »

Dans son ensemble l'inscription est assez simple : un scribe a lu qu'en forçant à venir, par des paroles magiques, un serpent qui hante le tombeau de Ptah-Chepses, il peut obtenir la longévité. Plusieurs points de ce petit texte demandent cependant quelques mots d'explication.

La date n'est pas donnée d'une manière complète, car il manque le nom du pharaon. Mais les caractères paléographiques assignent pour cette inscription la XIX⁰ dynastie, et comme Ramsès II est le seul souverain de cette époque qui soit resté plus de cinquante ans sur le trône (on sait en effet qu'il a gouverné pendant 67 ans), c'est à son règne qu'il faut rapporter le texte. D'ailleurs, à l'entrée de la chambre, on lit les cartouches de Ramsès II ébauchés également en hiératique, et comme si la même main avait tracé les deux inscriptions, l'écriture est semblable à celle de notre graffito.

Le jour de la visite du personnage n'a pas été choisi au hasard. Dans le papyrus Sallier IV qui nous a conservé une partie du calendrier des jours fastes et néfastes, on lit à la date du 16 Toby :

« *Bon, bon, bon. Shou sort, et étant sorti il entend Râ compter les années dans la barque.*

Bien que les termes de la notice ne soient pas très clairs, je crois comprendre qu'à cette date se réglait la destinée. Le scribe aurait donc choisi ce moment pour obtenir, grâce à la magie, l'inscription de longues années en regard de son nom. Je disais plus haut que nombreux étaient les Égyptiens qui, à l'exemple de Pen-au-uaa, prenaient intérêt à parcourir les nécropoles. Les monuments nous fournissent quantité de preuves de ce fait : sur les stèles on promet souvent des faveurs de toutes sortes aux personnes qui réciteront les formules de prière à l'intention du défunt. Ceux qui faisaient ces promesses connaissaient bien les habitudes de leurs contemporains; aussi glissaient-ils en général cette recommandation au milieu d'une autobiographie ou d'un hymne poétique destiné à attirer l'attention. Quant aux chercheurs de formules magiques, la passion de l'un deux est décrite dans le roman de Setna.

« *Il semblait que Ptahneferka ne restait sur terre que pour aller dans la nécropole de Memphis, lire les écritures qui sont sur les tombeaux des rois, les stèles des hiérogrammates et les divers écrits* ». Un prêtre le trouvant dans cet exercice se moque de lui et lui dit : « *Si tu désires lire les écritures, viens à moi, que je te mène au lieu où se trouve le livre que Thot a écrit de sa main* ». Et Ptahneferka, pour obtenir l'indication du lieu où est caché le livre qui permet de charmer le ciel, la terre, les montagnes, les mers, et de revenir sur terre après la mort, donne au prêtre cent pièces d'argent. La suite du roman montre que la possession de ce talisman attira une foule d'ennuis à Ptahneferka, probablement parce que, malgré son titre de prince royal, il n'avait pas les qualités requises pour se servir d'un livre divin. Certaines formules ne devaient, en effet, n'être connues que du roi et des grands prêtres.

C'est ainsi qu'au papyrus Lee, on voit un certain Pen-hui-ban, intendant des troupeaux, être condamné à mort pour s'être emparé de quelques écrits magiques dans le palais de Ramsès III. Il est vrai qu'il s'était servi de ces formules pour fasciner les gardiens et établir une correspondance avec l'intérieur du harem royal.

Mais ici, notre scribe ne commettant rien de contraire aux lois, pouvait sans crainte se vanter publiquement d'être en communication avec les êtres surnaturels.

Les serpents passaient pour être des incarnations de divinités, des génies bons ou mauvais. Celui dont il est question dans notre texte était peut-être un serpent qu'on avait vu à diverses reprises sortir de la pyramide de Sahourâ et venir dans le mastaba de Ptah-Chepses, distant seulement d'une centaine de mètres. Il n'en fallait pas plus pour faire croire aux apparitions de l'antique souverain.

Quant à savoir comment prit naissance la légende du don de longévité attribué à ce serpent, je n'en ai trouvé aucune trace.

Appliquée à Pepi, qui mourut presque centenaire, la légende aurait eu quelque base; mais Sahurâ ne paraît avoir vécu que peu et le papyrus de Turin lui assigne seulement 12 ans de règne. Le titre de Ptah-Chepses, signalé plus haut, a peut-être contribué en se mélangeant à d'autres idées populaires, à former cette croyance.

Dès l'antiquité la plus reculée, les hommes ont demandé à vivre longtemps; il en est encore de même aujourd'hui; mais tandis que nos souhaits restent dans le vague quant à la durée, les Égyptiens mettaient comme terme à leurs désirs l'âge de 110 ans.

Sur nombre de stèles, des personnages annoncent que ceux qui prieront en leur faveur atteindront cet âge avancé, considéré comme la récompense de la vertu. Ptah-Hotep, auteur du plus ancien traité de morale, après avoir formulé ses maximes et donné sa vie comme exemple à suivre, termine ainsi son livre :

*« C'est ainsi que j'obtiens que mon corps soit bien portant, que le roi soit satisfait en toutes circonstances, et que je gagne des années de vie sans défaut. Par ce que j'ai fait, j'ai gagné 110 ans de vie, avec le don de la faveur du roi parmi les notables, accomplissant le bien pour le roi jusqu'à la demeure vénérée ».* Pen-au-uaa se préoccupe moins de vivre conformément aux principes du vrai et du bien ; la magie lui paraît un moyen plus sûr que l'observation des règles de morale pour arriver à la limite de la vie humaine.

La réussite des manœuvres de notre scribe pour faire venir le serpent est indiquée par les marques de respect qu'il prodigue. Dans le texte, sa prosternation est désignée par le mot ⌂𝕁⌐ dérivé de la racine ⌂ qui signifie boire, s'enivrer. La traduction exacte serait donc le mot « tituber ». Le rituel des salutations était très compliqué : Sineh, pour remercier d'une faveur, se présente devant le roi en rampant à plat ventre, rien d'étonnant donc à ce que notre personnage ait fait le simulacre de trébucher devant un génie qui venait de lui faire un don si gracieux.

Les recueils dont se servaient les magiciens étaient presque tous attribués à des divinités. Les livres de Ptah étaient comptés parmi les plus importants de ces formulaires, aussi Pen-au-uaa en était-il muni ; ils sont également mentionnés dans le roman de Setna. Le héros du conte, aux prises avec Ptahneferka, détenteur des ouvrages de Thot dont il veut s'emparer, n'échappe à la mort que grâce aux talismans et aux livres de Ptah, que son frère lui apporte en toute hâte.

Parmi les papyrus magiques qui sont parvenus jusqu'à nous, nous ne possédons pas les écrits de Ptah, et n'avons, par suite, aucun renseignement sur les incantations qu'il pouvait contenir.

En allant copier l'inscription qui a fourni le sujet de cet article, j'ai tué dans le mastaba même de Ptah-Chepses un beau serpent roux à tâches noires, de l'espèce que les arabes appellent : *Taban nousrani* « serpent chrétien ». Ce devait être Sahourâ qui revenait sur terre sous la forme qu'il avait adopté. N'étant pas versé dans les sciences occultes je n'ai su reconnaître l'incarnation du bon souverain, et voilà comment j'ai involontairement privé l'humanité présente et future d'un moyen commode d'arriver à la plus grande vieillesse.

Somme toute, le procédé n'était pas à la portée de tout le monde et était un peu aléatoire : espérons que la science trouvera d'autres règles plus sûres pour arriver tranquillement à cent dix ans.

G. DARESSY.

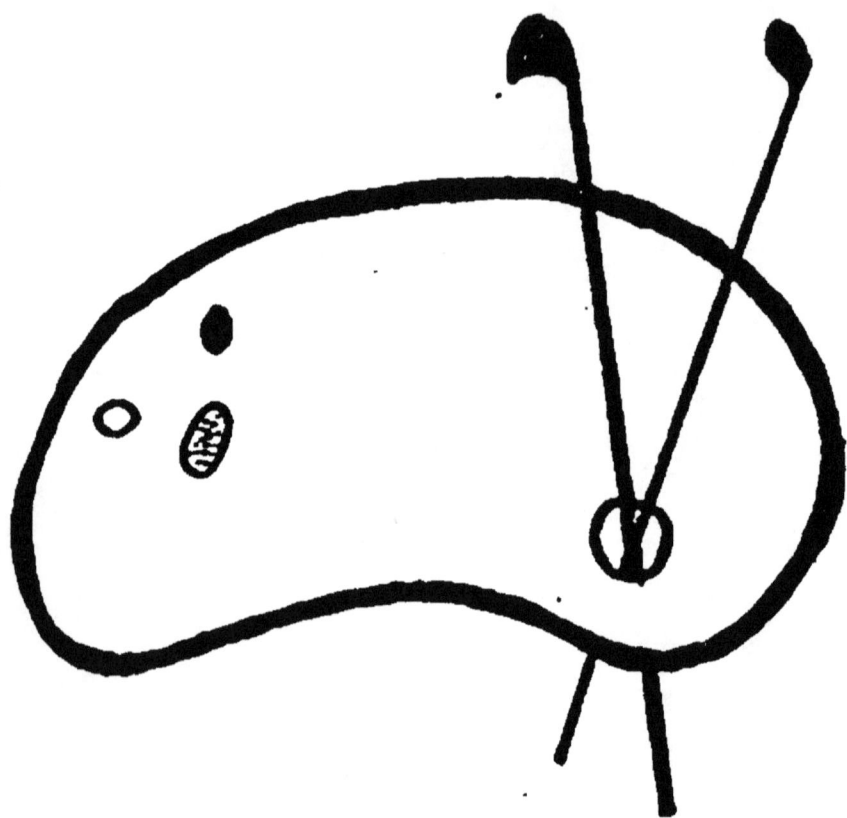

ORIGINAL EN COULEUR
NF Z 43-120-8

www.ingramcontent.com/pod-product-compliance
Lightning Source LLC
Chambersburg PA
CBHW061811040426
42447CB00011B/2595